AF509734

GRAND TARIF

OV

EVALVATION DV PRIX

DV MARC DES ESCVS, PISTOLES

d'Espagne, Escus & Pistoles d'Italie lege‑
res de diuerses fabriques.

Depuis le grain de chaque Espece iusques à cent Marcs
consecutiuement, pour seruir aux Bureaux des Tre‑
soriers, Receueurs generaux, & autres Bureaux où
il se reçoit ordinairement grande quantité d'or.

*Suiuant la Declaration du Roy du 27. Septembre
1640. verifiée en la Cour des Monnoyes
le 11. d'Octobre ensuiuant.*

A PARIS,

Chez SEBASTIEN CRAMOISY, Imprimeur
ordinaire du Roy, & en la Cour des Monnoyes,
ruë sainct Iacques, aux Cicognes.

M. DC. XLIII.

Auec Priuilege de sa Majesté.

GRAND TARIF.

Escus.

LE GRAIN,	1 f. 7 d.
Deux Grains,	3 f. 2 d.
Trois,	4 f. 10 d.
Quatre,	6 f. 5 d.
Cinq,	8 f. 1 d.
Six,	9 f. 8 d.
Sept,	11 f. 4 d.
Huit,	12 f. 11 d.
Neuf,	14 f. 7 d.
Dix,	16 f. 2 d.
Onze,	17 f. 9 d.
Douze,	19 f. 5 d.
Treize,	21 f.
Quatorze,	22 f. 7 d.
Quinze,	24 f. 3 d.
Seize,	25 f. 11 d.
Dix-sept,	27 f. 6 d.
Dix-huit,	29 f. 2 d.
Dix-neuf,	30 f. 9 d.
Vingt,	32 f. 4 d.
Vingt-vn,	34 f.
Vingt-deux,	35 f. 7 d.
Vingt-trois,	37 f. 3 d.

A ij

ESCVS.

Le DENIER,	38 f. 9 d.
Le demy Gros,	2 l. 18 f. 2 d.
Le GROS,	5 l. 16 f. 3 d.
Deux,	11 l. 12 f. 6 d.
Trois,	17 l. 8 f. 9 d.
Quatre,	23 l. 5 f.
Cinq,	29 l. 1 f. 3 d.
Six,	34 l. 17 f. 6 d.
Sept,	40 l. 13 f. 9 d.
L'ONCE,	46 l. 10 f.
Deux,	93 l.
Trois,	139 l. 10 f.
Quatre,	186 l.
Cinq,	232 l. 10 f.
Six,	279 l.
Sept,	325 l. 10 f.
Le MARC,	372 l.
Deux,	744 l.
Trois,	1116 l.
Quatre,	1488 l.
Cinq,	1860 l.
Six,	2232 l.
Sept,	2604 l.
Huit,	2976 l.
Neuf,	3348 l.
Dix,	3720 l.
Onze,	4092 l.
Douze,	4464 l.
Treize,	4836 l.
Quatorze,	5208 l.
Quinze,	5580 l.
Seize,	5952 l.

....ept,	6324 l.
Dix-huit,	6696 l.
Dix-neuf,	7068 l.
Vingt,	7440 l.
Vingt-vn,	7812 l.
Vingt-deux,	8184 l.
Vingt-trois,	8556 l.
Vingt-quatre,	8928 l.
Vingt-cinq,	9300 l.
Vingt-six,	9672 l.
Vingt-sept,	10044 l.
Vingt-huit,	10416 l.
Vingt-neuf,	10788 l.
Trente,	11160 l.
Trente-vn,	11532 l.
Trente-deux,	11904 l.
Trente-trois,	12276 l.
Trente-quatre,	12648 l.
Trente-cinq,	13020 l.
Trente-six,	13392 l.
Trente-sept,	13764 l.
Trente-huit,	14136 l.
Trente-neuf,	14508 l.
Quarante,	14880 l.
Quarante-vn,	15252 l.
Quarante-deux,	15624 l.
Quarante trois,	15996 l.
Quarante quatre,	16368 l.
Quarante cinq,	16740 l.
Quarante six,	17112 l.
Quarante sept,	17484 l.
Quarante huit,	17856 l.

Quarante neuf,	18228 l.
Cinquante,	18600 l.
Cinquante vn,	18972 l.
Cinquante deux,	19344 l.
Cinquante trois,	19716 l.
Cinquante quatre,	20088 l.
Cinquante cinq,	20460 l.
Cinquante six,	20832 l.
Cinquante sept,	21204 l.
Cinquante huit,	21576 l.
Cinquante neuf,	21948 l.
Soixante,	22320 l.
Soixante vn,	22692 l.
Soixante deux,	23064 l.
Soixante trois,	23436 l.
Soixante quatre,	23808 l.
Soixante cinq,	24180 l.
Soixante six,	24552 l.
Soixante sept,	24924 l.
Soixante huit,	25296 l.
Soixante neuf,	25668 l.
Soixante dix,	26040 l.
Soixante onze,	26412 l.
Soixante douze,	26784 l.
Soixante treize,	27156 l.
Soixante quatorze,	27528 l.
Soixante quinze,	27900 l.
Soixante seize,	28272 l.
Soixante dix sept,	28644 l.
Soixante dix huit,	29016 l.
Soixante dix neuf,	29388 l.
Quatre vingts,	29760 l.

Quatre vingts vn,	30132 l.
Quatre vingts deux,	30504 l.
Quatre vingts trois,	30876 l.
Quatre vingts quatre,	31248 l.
Quatre vingts cinq,	31620 l.
Quatre vingts six,	31992 l.
Quatre vingts sept,	32364 l.
Quatre vingts huit,	32736 l.
Quatre vingts neuf,	33108 l.
Quatre vingts dix,	33480 l.
Quatre vingts onze,	33852 l.
Quatre vingts douze,	34224 l.
Quatre vingts treize,	34596 l.
Quatre vingts quatorze,	34968 l.
Quatre vingts quinze,	35340 l.
Quatre vingts seize,	35712 l.
Quatre vingts dix sept,	36084 l.
Quatre vingts dix huit,	36456 l.
Quatre vingts dix neuf,	36828 l.
Cent,	37200 l.
Deux cens,	74400 l.
Trois cens,	111600 l.
Quatre cens,	148800 l.
Cinq cens,	186000 l.
Mil,	372000 l.

Pistoles d'Espagne.

LE GRAIN,	1 s. 6 d. $\frac{19}{32}$
Deux Grains,	3 s. 1 d.
Trois,	4 s. 7 d.
Quatre,	6 s. 2 d.

Cinq,	7 ſ. 9 d.
Six,	9 ſ. 3 d.
Sept,	10 ſ. 10 d.
Huit,	12 ſ. 4 d.
Neuf,	13 ſ. 11 d.
Dix,	15 ſ. 6 d.
Onze,	17 ſ.
Douze,	18 ſ. 7 d.
Treize,	20 ſ. 2 d.
Quatorze,	21 ſ. 8 d.
Quinze,	23 ſ. 3 d.
Seize,	24 ſ. 9 d.
Dix ſept,	26 ſ. 4 d.
Dix huit,	27 ſ. 11 d.
Dix neuf,	29 ſ. 5 d.
Vingt,	31 ſ.
Vingt vn,	32 ſ. 7 d.
Vingt deux,	34 ſ. 1 d.
Vingt trois,	35 ſ. 8 d.
Lᴇ DENIER,	37 ſ. 2 d.
Le demy Gros,	2 l. 15 ſ. 10 d.
Lᴇ GROS,	5 l. 11 ſ. 8 d.
Deux,	11 l. 3 ſ. 5 d.
Trois,	16 l. 15 ſ. 1 d.
Quatre,	22 l. 6 ſ. 10 d.
Cinq,	27 l. 18 ſ. 7 d.
Six,	33 l. 10 ſ. 3 d.
Sept,	39 l. 2 ſ. 2 d.
L'ONCE,	44 l. 13 ſ. 9. d.
Deux,	89 l. 7 ſ. 6 d.
Trois,	134 l. 1 ſ. 3 d.
Quatre,	178 l. 15 ſ.

Cinq

Cinq,	223 l. 8 ſ. 9 d.
Six,	268 l. 2 ſ. 6 d.
Sept,	312 l. 16 ſ. 3 d.
Lɪ MARC,	357 l. 10 ſ.
Deux Marcs,	715 l.
Trois,	1072 l. 10 ſ.
Quatre,	1430 l.
Cinq,	1787 l. 10 ſ.
Six,	2145 l.
Sept,	2502 l. 10 ſ.
Huit,	2860 l.
Neuf,	3217 l. 10 ſ.
Dix,	3575 l.
Onze,	3932 l. 10 ſ.
Douze,	4290 l.
Treize,	4647 l. 10 ſ.
Quatorze,	5005 l.
Quinze,	5362 l. 10 ſ.
Seize,	5720 l.
Dix ſept,	6077 l. 10 ſ.
Dix huit,	6435 l.
Dix neuf,	6792 l. 10 ſ.
Vingt,	7150 l.
Vingt vn,	7507 l. 10 ſ.
Vingt deux,	7865 l.
Vingt trois,	8222 l. 10 ſ.
Vingt quatre,	8580 l.
Vingt cinq,	8937 l. 10 ſ.
Vingt ſix,	9295 l.
Vingt ſept,	9652 l. 10 ſ.
Vingt huit,	10010 l.
Vingt neuf,	10367 l. 10 ſ.

Trente,	10725 l.
Trente vn,	11082 l. 10 ſ.
Trente deux,	11440 l.
Trente trois,	11797 l. 10 ſ
Trente quatre,	12155 l.
Trente cinq,	12512 l. 10 ſ.
Trente ſix,	12870. l.
Trente ſept,	13227 l. 10 ſ.
Trente huit,	13585 l.
Trente neuf,	13942 l. 10 ſ.
Quarante,	14300 l.
Quarante vn,	14657 l. 10 ſ.
Quarante deux,	15015 l.
Quarante trois,	15372 l. 10 ſ.
Quarante quatre,	15730 l.
Quarante cinq,	16087 l. 10 ſ.
Quarante ſix,	16445 l.
Quarante ſept,	16802 l. 10 ſ.
Quarante huit,	17160 l.
Quarante neuf,	17517 l. 10 ſ.
Cinquante,	17875 l.
Cinquante vn,	18232 l. 10 ſ.
Cinquante deux,	18590 l.
Cinquante trois,	18947 l. 10 ſ.
Cinquante quatre,	19305 l.
Cinquante cinq,	19662 l. 10 ſ.
Cinquante ſix,	20020 l.
Cinquante ſept,	22037 7 10 ſ.
Cinquante huit,	20735 l.
Cinquante neuf,	21092 l. 10 ſ.
Soixante,	21450 l.
Soixante vn,	21807 l. 10 ſ.

Soixante deux,	22165 l.
Soixante trois,	22522 l. 10 f.
Soixante quatre,	22880 l.
Soixante cinq,	23237 l. 10 f.
Soixante six,	23595 l.
Soixante sept,	23952 l. 10 f.
Soixante huit,	24310 l.
Soixante neuf,	24667 l. 10 f.
Soixante dix,	25025 l.
Soixante onze,	25382 l. 10 f.
Soixante douze,	25740 l.
Soixante treize,	26097 l. 10 f.
Soixante quatorze,	26455 l.
Soixante quinze,	26812 l. 10 f.
Soixante seize,	27170 l.
Soixante dix sept,	27527 l. 10 f.
Soixante dix huict,	27885 l.
Soixante dix neuf,	28242 l. 10 f.
Quatre vingts,	28600 l.
Quatre vingts vn,	28957 l. 10 f.
Quatre vingts deux,	29315 l.
Quatre vingts trois,	29672 l. 10 f.
Quatre vingts quatre,	30030 l.
Quatre vingts cinq,	30387 l. 10 f.
Quatre vingts six,	30745 l.
Quatre vingts sept,	31102 l. 10 f.
Quatre vingts huit,	31460 l.
Quatre vingts neuf,	31817 l. 10 f.
Quatre vingts dix,	32175 l.
Quatre vingts onze,	32532 l. 10 f.
Quatre vingts douze,	32890 l.
Quatre vingts treize,	33247 l. 10 f.

Quatre vingts quatorze,	33605 l.
Quatre vingts quinze ,	33962 l. 10 f.
Quatre vingts seize,	34320 l.
Quatre vingts dix sept,	34677 l. 10 f.
Quatre vingts dix huit,	35035 l.
Quatre vingts dix neuf,	35392 l. 10 f.
Cent,	35750 l.
Deux cens,	71500 l.
Trois cens,	107250 l.
Quatre cens,	143000 l.
Cinq cens,	178750 l.
Mil,	357500 l.

Escus & Pistoles d'Italie.

LE GRAIN,	1 f. 6 d
Deux,	3 f.
Trois,	4 f. 6 d.
Quatre,	6 f.
Cinq,	7 f. 6 d.
Six ,	9 f.
Sept,	10 f. 7 d.
Huit,	12 f. 1 d.
Neuf,	13 f. 7 d.
Dix ,	15 f. 1 d.
Onze,	16 f. 7 d.
Douze,	18 f. 1 d.
Treize,	19 f. 8 d.
Quatorze,	21 f. 2 d.
Quinze,	22 f. 8 d.
Seize ,	24 f. 2 d.
Dixsept,	25 f. 8 d.

Dix-huit,	27 f. 2 d.
Dix neuf,	28 f. 8 d.
Vingt,	30 f. 5 d.
Vingt vn,	31 f. 9 d.
Vingt deux,	33 f. 3 d.
Vingt trois,	34 f. 9 d.
Le DENIER,	36 f. 3 d.
Le demy Gros,	2 l. 14 f. 5 d.
Le GROS,	5 l. 8 f. 11 d.
Deux,	10 l. 17 f. 10 d.
Trois,	16 l. 6 f. 9 d.
Quatre,	21 l. 15 f. 9 d.
Cinq,	27 l. 4 f. 8 d.
Six,	32 l. 13 f. 7 d.
Sept,	38 l. 2 f. 6 d.
L'ONCE,	43 l. 11 f. 6 d.
Deux,	87 l. 3 f.
Trois,	130 l. 14 f. 6 d.
Quatre,	174 l. 6 f.
Cinq,	217 l. 17 f. 6 d.
Six,	261 l. 9 f.
Sept,	305 l. 6 d.
LE MARC,	348 l. 12 f.
Deux,	697 l. 4 f.
Trois,	1045 l. 16 f.
Quatre,	1394 l. 8 f.
Cinq,	1743 l.
Six,	2091 l. 12 f.
Sept,	2440 l. 4 f.
Huit,	2788 l. 16 f.
Neuf,	3137 l. 8 f.
Dix,	3486 l.

Onze,	3834 l. 12 ſ.
Douze,	4183 l. 4 ſ.
Treize,	4531 l. 16 ſ.
Quatorze,	4880 l. 8 ſ.
Quinze,	5229 l.
Seize,	5577 l. 12 ſ.
Dix ſept,	5926 l. 4 ſ.
Dix huit,	6274 l. 16 ſ.
Dix neuf,	6623 l. 8. ſ.
Vingt,	6972 l.
Vingt vn,	7320 l. 12 ſ.
Vingt deux,	7669 l. 4 ſ.
Vingt trois,	8017 l. 16 ſ.
Vingt quatre,	8366 l. 8 ſ.
Vingt cinq,	8715 l.
Vingt ſix,	9063 l. 12 ſ.
Vingt ſept,	9412 l. 4 ſ.
Vingt huit,	9760 l. 16 ſ.
Vingt neuf,	10109 l. 8 ſ.
Trente,	10458 l.
Trente vn,	10806 l. 12 ſ.
Trente deux,	11155 l. 4 ſ.
Trente trois,	11503 l. 16 ſ.
Trente quatre,	11852 l. 8 ſ.
Trente cinq,	12201 l.
Trente ſix,	12549 l. 12 ſ.
Trente ſept,	12898 l. 4 ſ.
Trente huit,	13246 l. 16 ſ.
Trente neuf,	13595 l. 8 ſ.
Quarante,	13944 l.
Quarante vn,	14292 l. 12 ſ.
Quarante deux,	14641 l. 4 ſ.

Quarante trois,	14989 l. 16 ß
Quarante quatre,	15338 l. 8 ſ.
Quarante cinq,	15687 l.
Quarante ſix,	16035 l. 12 ſ.
Quarante ſept,	16384 l. 4 ſ.
Quarante huit,	16732 l. 16 ſ.
Quarante neuf,	17081 l. 8 ſ.
Cinquante,	17430 l.
Cinquante vn,	17778 l. 12 ſ.
Cinquante deux,	18127 l. 4 ſ.
Cinquante trois,	18475 l. 16 ſ.
Cinquante quatre,	18824 l. 8 ſ.
Cinquante cinq,	19173 l.
Cinquante ſix,	19521 l. 12 ſ.
Cinquante ſept,	19870 l. 4 ſ.
Cinquante huit,	20218 l. 16 ſ.
Cinquante neuf,	20567 l. 8 ſ.
Soixante,	20916 l.
Soixante vn,	21264 l. 12 ſ.
Soixante deux,	21613 l. 4 ſ.
Soixante trois,	21961 l. 16 ſ.
Soixante quatre,	22310 l. 8 ſ.
Soixante cinq,	22659 l.
Soixante ſix,	23007 l. 12 ſ.
Soixante ſept,	23356 l. 4 ſ.
Soixante huit,	23704 l. 16 ſ.
Soixante neuf,	24053 l. 8 ſ.
Soixante dix,	24402 l.
Soixante onze,	24750 l. 12.
Soixante douze,	25099 l. 4.
Soixante treize,	25447 l. 16.
Soixante quatorze,	25796 l. 8.

Soixante quinze,	26145 l.
Soixante seize,	26493 l. 12 s.
Soixante dix sept,	26842 l. 4 s.
Soixante dix huit,	27190 l. 16 s.
Soixante dix neuf,	27539 l. 8 s.
Quatre vingts,	27888 l.
Quatre vingts vn,	28236 l. 12 s.
Quatre vingts deux,	28585 l. 4 s.
Quatre vingts trois,	28933 l. 16 s.
Quatre vingts quatre,	29282 l. 8 s.
Quatre vingts cinq,	29631 l.
Quatre vingts six,	29979 l. 12 s.
Quatre vingts sept,	30328 l. 4 s.
Quatre vingts huit,	30676 l. 16 s.
Quatre vingts neuf,	31025 l. 8 s.
Quatre vingts dix,	31374 l.
Quatre vingts onze,	31722 l. 12 s.
Quatre vingts douze,	32071 l. 4 s.
Quatre vingts treize,	32419 l. 16 s.
Quatre vingts quatorze,	32768 l. 8 s.
Quatre vingts quinze,	33117 l.
Quatre vingts seize,	33465 l. 12 s.
Quatre vingts dix sept,	33814 l. 4 s.
Quatre vingts dix huit,	34162 l. 16 s.
Quatre vingts dix neuf,	34511 l. 8 s.
Cent,	34860 l.
Deux cens,	69720 l.
Trois cens,	104580 l.
Quatre cens,	139440 l.
Cinq cens,	174300 l.
Mil,	348600 l.

F I N.

PLeine Lune le 18. iour, à 8. heu. 4. min. du matin, chez le Cancer; Mercure nous promet vn
temps assez maussade par vents & pluyes, ou bien
par neiges & gelées, le tout tendant à vne tres-
grande varieté; mais il y a apparence que Cypris
nous fera gouster quelques beaux iours, & nous
donnera vn peu de relasche; afin de nous faire sçauoir qu'elle peut nous ayder; Cependant les rhu-
mes, les toulx, les apostegmes, les colliques, les
dissenteries, & les gouttes regneront amplement;
Dieu nous en vueille garder s'il luy plaist.

DErnier quart. le 25. iour, à 5. heu. 6. min. du
matin, chez les Balances; Nous n'aurons qu'à
nous bien tenir le reste de cette Année; le froid fera amplement souffler à nos doigts & serrer les es-
paules; & encor ce qui doit estre le plus mal-plai-
sant, est que le temps ne sçaura de quel costé le ran-
ger, parce que le tout ne doit estre que varieté;
Il ne laissera pas de geler fort & ferme durant les
Festes de Noël : *Pendant lesquelles quelque Chef d'ar-
mée se verra pris au tres-buchet.* Prions Dieu tous
qu'il destourne la malignité des Astres dont nous
sommes menassez cette Année, afin que nous
puissions passer ioyeusement celles qui vient à
grands pas, Ainsi soit il.

M. QVESTIER.

Nusquam marcescit Virtus.

CATALOGVE DES VILLES,
où l'on bat Monnoye au nom & armes du Roy de
France, auec les Lettres dont chacune d'icelle Mon-
noye est marquée, pour cognoistre la ville où elle
aura esté fabriquée.

PREMIEREMENT.

A	Signifie	Paris.
B		Roüen.
C		Sainct Lo.
D		Lyon.
E		Tours.
F		Angers.
G		Poictiers.
H		La Rochelle.
I		Limogs,
K		Bourdeaux.
L		Bayonne.
M		Toulouze.
N		Montpellier.
O		Rion.
P		Dijon.
Q		Narbonne.
R		Ville-Neuve,lez
S		Troyes. (Aui-
T		Nantes. (gnõ.
V		Amiens.
X		Aix.
Y		Bourges.
Z		Grenobles.
6		Rennes.

ALMANACH,

L'ALMANACH
du Palais.

'Ouuerture du Parlement se fait le lendemain de la sainct Martin le douziesme iour de Nouembre, auquel iour Messieurs (ayans leurs Robbes rouges) oyent la Messe au Palais, & apres reçoiuent le serment des Aduocats & Procureurs : Il finit le 7. Septembre; Tellement qu'il dure dix mois & quatre iours , pendant lequel temps ils vacquent cent iours, en ce compris les Dimanches : de sorte qu'il n'y a que sept mois à trauailler.

S'enfuiuent les iours esquels la Cour de Parlement vacque, outre les Dimanches : Et aussi des Requestes du Palais & Cour des Aydes.

Premierement, en Nombre les 25. & 30. iours.

En Decembre, les 6. 8. 22. 24. 25. 26. 27. & 28.

En Ianuier, les 1. 3. 6. & 13. qui est le iour sainct Hilaire, à cause du Parlement autresfois transferé à Poictiers, & le vingt-huictiesme, qui est le iour sainct Charlemagne.

Et neantmoins les veilles desdits deux Festes sainct Hilaire & S. Charlemagne, on ne laisse pas d'entrer de releuée à l'ordinaire, ou à la quinzaine s'il y eschet.

En Feurier, les 2. & 24. ou bien les 25. en l'année de Bissexte.

En Mars, le 22. qui est le iour de la reduction de Paris, à cause de la Procession generale : Et neantmoins l'on ne cesse de releuée la veille d'entrer à l'ordinaire. Plus, le 25. dudit mois, qui est la N. Dame.

En Auril, le 25. qui est le iour sainct Marc.

En May, le 1. & le 2. qui est le iour sainct Gatian : la Cour vacque, à cause du Parlement transferé cy-deuant à Tours : mais la Cour cesse aussi à l'ordinaire la veille.

En Iuin, les 11. 24. & 29. Vn iour pour le Landy, pendant la foire sainct Denys au mesme mois de Iuin.

En Iuillet, les 22. 25 & 28. En Aoust, les 10. 15. 16 & 25.

Et encore la Cour vacque les iours qui ensuiuent, dont on ne peut cotter le quantiesme de chacun mois. A sçauoir le iour des Cendres; Le Mercredy de la semaine Saincte , & iusques au Lundy de Pasques inclusiuement. La veille & les trois festes de la Pentecoste. Le iour de l'Ascension. Les iours des deux festes du sainct Sacrement.

La Chambre des Vacations commence le 9. de Septembre , & finit

le 27.d'Octobre, qui est la veille S. Simon S. Iude, & dure vn mois
18. iours, pendant lequel temps elle vacque 12. iours. Il y a en tout 7.
semaines, chacune desquelles Messieurs les sept Presidens de la Grand
Chambre President à leur tour: Monsieur le 1. President commence.

Pendant les deux mois de Vacations, la Cour vacque, à sçauoir : au
mois de Septembre, le 23. 24. & 29.

En Octobre, les 9. 18. & 28. & encore vn iour pendant la foire S.
Denys. Depuis le 20. Octobre iusqu'au 11. Nouembre, qui est le iour
sainct Martin inclusiuement, tout est au Parlement, & en se fait aux
actes de Iudicature.

Est à noter que le Palais ne perd point de Festes qu'il a particulieres,
qui ne sont festées par la ville. Et de fait, quand elles viennent le Dimanche, ou autre Feste, elles sont remises par la Cour au premier
iour ensuiuant.

Depuis Pasques, quand vne Feste vient le Ieudy l'on plaide le Vendredy matin à la grand'Chambre.

Les plaidoiries de la grand'Chambre commencent le premier Lundy de la huictaine franche d'apres la sainct Martin, & finissent le 14.
Aoust : Et neantmoins celles de releuées ne commencent qu'apres la
sainct André, & finissent à la fin de May.

L'on ne plaide point dans la semaine Ste, ny dans l'Oct. de Pasques.

Les Mardy & Vendredy sont appellez iours ordinaires, à cause que
Messieurs entrent le matin & l'apresdinée, pourueu qu'il ne soit
veille de Feste, celebrée par toute la ville.

Depuis la S. Martin iusqu'en Caresme, la Cour se leue le matin à
dix heures, & releuée à quatre.

Pendant le Caresme seulement, la Cour se leue à vnze heures le
matin & commance de releuée à cinq, ce qui se continuë tout le reste
du Parlement.

Les iours de Caresme prenant, le Vendredy de l'Octaue de Pasques,
(iour de la reduction des Anglois) que Messieurs vont à Nostre-Dame,
le iour sainct Nicolas en May la Cour se leue à 9. heures, tellement que
lesdits iours l'on va de releuée au Palais. C'est pourquoy le Prouerbe
est demeuré: *Quand la Cour se leue au matin, elle dort l'apresdinée.*

Les Harangues aux Ouuertures du Parlement se font deux fois l'an-
née; sçauoir le premier Lundy de la huictaine franche d'apres la sainct
Martin, & le lendemain de Quasimodo, par Messieurs les Aduocats du
Roy, à sçauoir, le premier à la sainct Martin, & le second à Quasimodo.

Noté que l'on ne plaide point à la Cour des Aydes, ny aux Requestes,
que les Harangues n'ayent esté faites au Parlement, c'est à dire, que les
plaidoiries ne soient ouuertes au Parlement.

Pendant que l'on plaide à la grand'Chambre, l'on ne plaide point
en aucune Iurisdiction de l'enclosture du Palais.

Les Lundy & Mardy l'on plaide du Roolle ordinaire des Prouin-
ces & Bailliages. Les Ieudis matin du Roolle extraordinaire. Les
Mardy & Vendredy de releuée, du Roolle extraordinaire & placets.
Et le Samedy à la Tournelle.

Ladite Tournelle est composée de six Cõseillers de la grand'Chã-
bre, & huict des Enqueftes: Le Doyen de la grand'Chambre, & celuy
de la premiere des Enqueftes, font (s'ilsveulé) exêpts de la Tournelle.

Meffieurs les Aduocats du Roy vont de 3. mois en 3. mois à la
Tournelle alternatiuement, dont le premier de Meffieurs cõmence, à
fçauoir depuis la fainct Martin iufqu'à la Chandeleur : Le 2. iufqu'à
Pafques, à la fainct Iean, & iufqu'au 6 Septembre.

Les iours de la prononciation en Robbes rouges, font la fur-veille
de Noël, le Mardy de la femaine Saincte, la far-veille de la Penteco-
fte, & le 6. Septembre, lefquelles fe font, à fçauoir celles de Noël &
de Septembre, par Monfeigneur le premier Prefident ; pource que
ce font les premiere & derniere: Les deux autres fe font par Meffieurs
les Prefidents à leur tour.

Lefdits iours la Cour va à la Seance pour les prifonniers, fors le
6. Septembre: Et au lieu dudit iour, c'eft la veille S. Simon S. Iude.

Les Mercuriales font à tous les premiers Mercredy de chacun mois
de releuee, s'il n'eft fefte, autrement le Mercredy fuiuant.

Les iours de la quinzaine, font les Lundy, Mercredy, & Ieudy de
releuée, pour qu'il ne foit veille de fefte.

Et fi le Lundy eft Fefte ou veille de Fefte, l'on n'entre point ledit
iour, ny les autres iours de la mefme femaine à ladite quainzaine : Et
encore n'entre t'on point le dernier Ieudy d'icelle quinzaine, qu'il
foit Fefte ou non : Laquelle quinzaine eft compofée de l'vn de Meffieurs le Prefidens de la grand'Chambre, chacun à leur tour, & d'vn
nombre de Confeillers de ladite Chambre, & des Enqueftes à leur
tour : Et lefquels ne rapportent point.

Tous les iours de releuée qui ne font ordinaires, Meffieurs de la
Cour entrent par Cõmiffaires, fors les veilles Noftre-Dame d'Aouft,
& du fainct Sacrement.

Le premier Roolle ordinaire eft pour la Prouince de Vermandois,
lequel on commence à la fainct Martin, & eft continué iufqu'à la fin
de Decembre. Depuis le cõmencement de Ianuier, iufques au 15. pour
le Roolle du Bailliage d'Amiens.

Le Roolle du Bailliage de Senlis fe plaide le refte du mois de Ianuier.

Apres la Chandeleur l'on commence du Roolle de Paris, duquel
l'on a accouftumé de plaider tout le Carefme, & quelquesfois apres
Pafques, felon la volonté de Monfieur le premier Prefident.

Le lendemain de Quafimodo, l'on commence le Roolle de Champa-
gne & Brie, & finit au commencement, ou au 15. de May, quelquesfois
le refte dudit mois. Le Roolle de Poictou fe plaide le refte dudit mois
de May, & pendant tout le mois de Iuin. Le Roolle de Lyon ne fe
plaide que pendant la premiere quinzaine du mois de Iuillet. Puis
apres fuit le Roolle de Chartres, qui eft grand, & dure tout le refte des
plaidoiries, fors les deux derniers iours qui font employez, l'vn pour
le Rolle d'Angoulemois, & l'autre pour les Prefentations. Nota, que
le 15. Aouft paffé, l'on ne plaide plus à la grand' Chambre à huis ouuert, ains feulement à la Tournelle, à la Chambre de l'Edict, iufques
au 7. Septembre.   G ij

Messieurs des Requestes du Palais, sont du corps de la Cour, & pour ce vacquent les mesmes iours que fait le Parlement : Et neantmoins leurs vacations ne commencent qu'apres la saincteCroix en Septembre, pour les plaidoiries & presentations:& finissont à la S.Denis, que l'on commence , & continuent à la sainct Simon sainct Iude.

Les Vacations de Messieurs de la Cour des Aydes, sont les iours qui ensuiuent.

Premierement, tous les iours dessus-dits esquels le Parlement vacque, fors pendant les vacations de Septembre & Octobre, que les deux Chambres sont reduites en vn : neantmoins on ne plaidé point à huis ouuert. Et outre lesdits iours de Vacations du Parlement, lesdits Sieurs n'entrent point depuis le 16.iour de Septembre iusques au 5. iour d'Octobre inclusiuement. Plus, vn iour pendant la Foire S.Germain des Prez, au mois de Fevrier. Les Lundy & Mardy-gras. La veille & le lendemain de la S.Iean. Les veilles & Festes de N.Dame.

La veille & le lendemain de la Magdelaine: Et depuis ledit iour iusques au iour sainct Anne inclusiuement, par Arrest de ladite Cour du iour   En consideration dequoy l'on a remis & trauaille-t'on les iours esquels enciennemét elle vacquoit: à sçauoir depuis les Festes de Noël iusques aux Roys.

Les plaidoiries du Roolle ordinaire, sont les Mercredy & Vendredy matin, & les Lundy de releuée pour l'extraordinaire : commençant en Decembre iusques à la fin du mois de May.

Pour la plaidoirie du Roolle ordinaire, elle commence apres que l'on a eu plaidé à la grand'Chambre.

Les plaidoiries finissent le sixisme Septembre.

Il y a au Parlement sept Presidens de la grand'Chambre, dix Conseillers Clercs, & seize Conseillers Laycs.

Il y a cinq Chambres des Enquestes ; en chacune desquelles il y a deux Presidens & vingt-cinq ou vingt six Conseillers.

Deux Chambres aux Requestes du Palais: Tellement qu'il y a en la Cour (compris la grand' Chambre & les Requestes,) huict-vingts Conseillers ou plus.

En la Cour des Aydes , il y a aussi deux Chambres composées de quatre Presidens, & vingt-six Conseillers.

Observations des iours que l'on ne plaide point au Presidial, & Siege ordinaire du Chastelet de Paris, outre les Dimanches & Festes solemnizées au Dioceze de Paris.

EN Ianuier le 13. qui est le iour sainct Hilaire. Le 22.sainct Vincent. Le 28. sainct Charlemagne.

En Fevrier, le iour qu'il plaist à M. le Lieutenant Ciuil, & à Messieurs les Côseillers du Siege, de choisir pour aller à la foire S Germain des Prez. En ce mois de Fevrier, il y a quelques fois, ou en Mars le Ieudy, Mardy-gras, le iour des Cendres, & la my-Carefme.

En Mars, le 22. iour, que l'on fait la Proceſſion generale, à cauſe de la reduction de la ville de Paris, à l'obeiſſance du Roy Henry IV. d'heureuſe memoire, Roy de Frâce & de Nauarre, qui fut en l'an 1594.

En Auril, quelquesfois en mars (ſelon l'Epacte) en la ſepmaine Saincte, on ne plaide que le Mardy & le Mercredy, ny auſſi en la ſemaine de Paſques, que le Samedy ſeulement, parce que le Vendredy d'apres Paſques, en quelque mois qu'elles ſoient, on fait la Proceſſion generale pour la dillurance de la ville de Paris, hors la ſubiection des Anglois, qui fut en l'an 1436. lors regnant Charles VII.

En May, ſainct Gratian le 2. La S. Nicolas le 9, & le lendemain que l'on fait le ſeruice pour les Treſpaſſez. Sainct Yues le 19. dudit mois. La veille de la Pentecoſte. La Feſte-Dieu, & l'Octaue.

En Iuin, la foire du Landy, dont on ne peut cotter le iour. Et auſſi l'Autheur a eſtimé ſuperflu de cotter les Dimanches & Feſtes, dautant que chacun ſçait que tous iugemens & plaidoiries de proaez ceſſent en ces iours.

En Iuillet, ſainct Germain de l'Auxerois, le 31.

En Octobre, le iour ſainct Remy. Au meſme mois les Sermens, le Lundy prochain auant la S. Simon S. Iude. La veille & le iour de la Touſſaincts.

En Decembre la veille de Noël.

Seulement ſera remarqué que les iours certains des foires S. Germain & du Landy, n'ont pû eſtre cottez en leur lieu, parce que cela dépend de Monſieur le Lieutenant Ciuil, & de Meſſieurs les Conſeillers, de les nommer & choiſir quand il leur plaiſt : ny auſſi les Ieudy & Mardy gras, le iour des Cendres & le lendy de la my Careſme; parce que ces iours-là ſont iours mobiles, qui remuent & changent tous les ans, comme les iours de Paſques, & autres Feſtes ſolennelles, iuſques à la Feſte-Dieu & Octaue.

Les Vacations commencent le 9. iour de Septébre, durant leſquelles on plaide la premiere quinzaine les Mercredis & Samedis, & on fait les adiudications par decret, & baux Iudiciaires: meſmes les proclamations des defauts iugez, & des Sentences données au Conſeil. Le reſte deſdites Vacations on plaide ſeulement les Vendredis & Samedis; & ſe font auſſi les baux Iudiciaires leſdits iours de Samedis.

Les ſermens ſe font deux fois l'année; à ſçauoir le Lundy prochain auant la S. Simon S. Iude, & le lendemain de Quaſimodo, & és iours enſuiuans on recommence la plaidoirie.

Le Lundy n'eſt point iour plaidoyable au Preſidial, ny au Siege ordinaire, non plus que le Dimanche: mais ce iour-là & tous les autres, eſquels il n'y a point de feſte celebrée au Dioceſe, on ne laiſſe de plaider en la Chambre Ciuille & au Criminel; & les Clercs du Greffe reçoiuent touſiours les affirmations & actes de ſoumiſſions de cautiós.

Eſt aduenu neantmoins quelquefois que l'on a plaidé le Lundy au Preſidial : parce que la Cour deuoit faire ce iour là Seance au Chaſtelet, comme elle fait tous les ans quatre fois, à ſçauoir, le Mardy de la

semaine Sainĉte le Vendredy de deuant la Pentecoste, la veille sainĉt
Simon sainĉt Iude, & la sur-veille de Noël.

Inſtruĉtion vtile & neteſſaire pour ceux qui prennent plaiſir à l'Ar-
griculture des Iardins, pour ſçauoir en quel mois, en quelle Lune,
& en quelle ſaiſon on doit ſemer & replanter ſelon le paye froid
& chaud : Suiuant l'experience des plus laborieux Iardiniers de
Niſmes, & en France par Matth. Barie, François Aneſt, Iean Ly-
rondes, & autres anciens Iardiniers.

FEnoüil doux, faut ſemer en Mars & en Auril, en pleine Lune, bien
labourer, fumer & arrouſer. Anis muſcat, faut ſemer en Feburier,
Mars & Auril, en decours, bien labourer peu arrouſer, & ſans replanter. Pauot double & blanc de toutes couleurs, faut ſemer en Ianuier,
Fevrier & Mars, en pleine Lune, bien labourer, fumer & arrouſer.
Tain, faut ſemer au mois d'Aouſt, Fevrier & Mars, en nouuelle Lune, & replanter en meſme Lune. Oeillets de Poëte, faut ſemer en
Auril & May, en pleine Lune. Oeillets d'Inde, faut ſemer en Mars
& Auril. Iſope, faut ſemer au mois d'Aouſt, Fevrier & Mars, en nouuelle Lune, & replanter en meſme Lune, bien fumer & arrouſer. Melons, faut ſemer en pays froid à la premiere ſemaine de May, en pleine Lune, & en lieu chaud à la fin de Mars, à la ſemaine Sainĉte en
meſme Lune, les bien labourer, fumer & tailler deux fois la ſemaine,
& les arrouſer iuſques à tant qu'il y en ait de meurs ; & puis oſter
l'eau en pays froid, & les arrouſer en pays chaud de dix en dix iours
vne fois, & replanter en meſme Lune Côcombres, faut ſemer, planter,
fumer, labourer & arrouſer comme leſdits Melons, & tailler comme
deſſus. Et ſi les voulez replanter, les pourrez mettre auec bonne terre,
où bon vous ſemblera. Leĉtuës pommées, faut ſemer & replanter en
pleine Lune, és mois d'Aouſt, Septambre, Decembre, Ianuier, & Fevrier, pour en auoir iuſques à la ſainĉt Iean, les bien fumer & arroufer. Leĉtuës friſées pour l'Eſté, faut ſemer en Mars & Auril, & replanter en Lune vieille, & les faut cultiuer comme deſſus. Leĉtuës Romai-
nes, faut ſemer en Ianier, Fevrier & Auril, & replanter en pleine Lune:
les lier comme la Chicorée, & les enterrer iuſques à ce qu'elles ſoient
blanches pour les mager. Leĉtuës de Genes en pommes pour l'hyuer,
faut ſemer en Auril & May, à la ſainĉt Iean au premier quartier de la
Lune, & les replanter en meſme Lune. Leĉtuës à deux Pommes, pour
en auoir en temps, faut ſemer au decours des Lunes, & en tranſplâter
en meſme Lune. Pourpier, faut ſemer en Auril ſur couche, en May ſur
terre, & tous les autres mois, pour en auoir de nouueaux. Corne de
Cerf, faut ſemer en Auril & May, au decours Pinpernelle, faut ſemer
en Ianuier, Fevrier, Mars & Auril, en decours. Cioçons de Iardins,
faut ſemer en Auril & May, en pleine Lune. Paſſe-pierre ſe ſeme ſur
couche, ou dedans des pots, en Auril & en May, en decours. Tripema-

dame, faut femer en May & Iuin, au premier quartier de la Lune. Chicorée blanche, faut femer en May & Iuin, au premier quartier de la
Lune : les faut bien labourer, fumer, & fouuent arroufer pour deuenir
blanche, la faut lier en beau temps fec & l'enterrer. Chicorée frifée,
faut femer, replanter, cultiuer comme les precedentes. Chicorée fau-
uage, faut femer en Auril & May, en Lune nouuelle, replanter en Lune vieille, & les cultiuer comme les autres. Cerfueil, faut femer en
Fevrier & Mars, en Lune nouuelle. Perfil, faut femer en Fevrier &
Mars, en pleine Lune. Mariolene & Violette, faut femer en Mars &
Auril en Lune nouuelle. Raues douces, faut femer en tous temps pour
en auoir toufiours de nouuelles. Refors de Tours, faut femer en Fevrier, Mars & May, au decours de la Lune, tant en pays froid que
chaud, & pour en auoir des premiers. Cardes ou Cardons, faut femer
à la fin de Fevrier, Mars & May, au premier quartier de la Lune, &
les cultiuer comme les Artichaux, & pour les blanchir les faut lier,
puis les mettre dans terre. O'gnons & Poirreaux, faut femer en Ianuier, Fevrier & Mars, & au premier quartier de la Lune, & replanter
en Lune vieille pour en auoir de beaux, les faut bien labourer, fumer
& arroufer. Sciues, faut femer en Fevrier, Mars & Auril, en pleine
Lune. Afperges, faut femer & replanter en Fevrier, Mars & en Aouft,
en pleine Lune. Poirée blanche à cofte large, faut femer en Ianuier,
Fevrier, Mars & en Lune nouuelle : pour auoir des Cardes, il les faut
tranfplanter en mefme Lune. Ozeille, faut femer en Ianuier, Fevrier &
Mars, en pleine Lune. Chou pommé, faut femer en Aouft en pays
froid, pour en auoir des premiers : en pays chaud, faut femer en Mars
& Auril, en pleine Lune, & les replanter en mefme Lune : & pour les
auoir beaux, les faut bien labourer, fumer & arroufer. Choufleurs,
faut femer en Aouft, Fevrier & Mars, en pleine Lune, & les replanter
en mefme Lune : & pour les faire venir gros, les faut cultiuer comme
deffus. Choux verds, antres Choux appellez Carrier, faut femer en
Aouft, Fevrier, Mars & Auril, & Lune nouuelle, & les replanter au
decours. Citrós, faut femer au mois de Mars ou Auril en Lune vieille.
Giroffier & Muguet, faut femer en Mars & Auril en Lune vieille.

ICy font declarez les iours les plus heureux de toute l'Année, foit
pour vendre ou acheter, femer, planter & edifier heritage, & aller
en quelque pelerinage, en marchandife, en guerre, ou en quelque
lieu qu'on ait affaire, & qu'on elife les iours cy-apres nommez, on
ne pourra auoir perte ny en marché, ny en chofe que ce foit : mais on
pourra toufiours faire grandement fon profit : lefquels iours ont efté
reuelez par l'Ange de Dieu au bon Iofeph, lequel luy fit fçauoir les
iours où les bonnes œuures font & fe font, & aufquels il auoit à tra-

fiquer & marchander. Tous enfansqui font néz en ces iours heureux,
ne peuuent estre pauures; & vn enfant qui est mis à l'Escole en vn de
ces iours, il viendra à perfection de sciences, s'il perseuere en son estu-
de. Et si vn enfant est mis en mestier , il ne peut faire qu'il ne soit bon
ouurier & riche homme, s'il perseuere en son estat; desquels

Premierement voicy les iours heureux.

En Ianuier , le troisiesme & treiziesme.
En Feurier , le cinquiesme & vingt-cinquiesme.
En Mars , le premier, huictiesme & trentiesme.
En Auril, le cinquiesme, vingt-deuxiesme & vingt-neufiesme.
En May, le quatriesme & dix-septiesme.
En Iuin, le troisiesme & dix-huictiesme.
En Iuillet, le deuxiesme, treziesme & quatorziesme.
En Aoust, le douziesme.
En Septembre, le premier, septiesme & vingt-troisiesme.
En Octobre, le quatriesme & quinziesme.
En Nouembre , le treiziesme & dix-neufiesme.
En Decembre, le dix-huictiesme & vingt-sixiesme.

Les iours qu'on dit estre perilleux.

En Ianuier, le premier, 2. 4. 6. 7. 8. & 15.
En Feurier, le sixiesme, dix-septiesme & dix-huictiesme.
En Mars, le sixiesme, seiziesme, dix septiesme & dix-huictiesme.
En Auril, le septiesme, quinziesme & dix-septiesme.
En May, le septiesme & quinziesme.
En Iuin, le sixiesme.
En Iuillet, le quinziesme & dix-huictiesme.
En Aoust, le dix-huictiesme & dix-neufiesmes
En Septembre, le seiziesme & dix-huictiesme.
En Octobre, le sixiesme.
En Nouembre, le quinziesme & seiziesme.
En Decembre, le sixiesme, septiesme & vnziesme.